Bibliografische Information der Deutschen Nationalbibliothek:

Die Deutsche Bibliothek verzeichnet diese Publikation in der Deutschen National-
bibliografie; detaillierte bibliografische Daten sind im Internet über http://dnb.d-
nb.de/ abrufbar.

Impressum:

Copyright © 2015 GRIN Verlag, Open Publishing GmbH
Druck und Bindung: Books on Demand GmbH, Norderstedt Germany
ISBN: 9783668006973

Dieses Buch bei GRIN:

http://www.grin.com/de/e-book/300978/wechseln-eines-wischergummis-unterwei-
sung-gebaeudereiniger-in

Daniel Hoffmann

Wechseln eines Wischergummis Unterweisung Gebäudereiniger / -in)

GRIN Verlag

Unterweisungsentwurf

Ausbildereignungsprüfung

Prüfling:	**Name:**	XXXXXXXXXX
	Vorname:	XXXXXXXXXX
	Beruf:	Gebäudereiniger

_____

Ort, Datum, Unterschrift

Inhaltsverzeichnis

Persönliche Angaben des Auszubildenden (Name geändert)

Name	:	Muster
Vorname	:	Peter
Alter	:	31 Jahre
Schulbildung	:	Realschulabschluss
Ausbildungsberuf	:	Gebäudereiniger
Ausbildungsdauer	:	3 Jahre
Ausbildungsjahr	:	1. Lehrjahr

Unterweisungsthema

Wechseln eines Wischergummis

Stellung des Themas im Ausbildungsrahmenplan

Die zu vermittelnden Kenntnisse und Fertigkeiten im Ausbildungsberufsbild des Gebäudereinigers:

Ausbildungsordnung § 3 Nr. 8, Punkt D

Richtlernziel

Einsatz von Reinigungsgeräten und Reinigungsmaschinen

Groblernziel

Der Auszubildende soll nach der Unterweisung selbstständig Werkzeuge, Geräte und Maschinen pflegen. (§ 3 Nr. 8, Punkt D).

Feinlernziel

Der Auszubildende ist in der Lage, die Wischergummis bei einem Abzieher selbstständig zu wechseln.

Feinlernzielbereich:

Kognitives Lernziel: - Das Arbeitsmittel kennen und erklären.
                              - Die Arbeitsschritte des Wechselvorgangs erklären.

1

Affektives Lernziel:	- Er soll kosten-, sicherheits-, qualitäts- und umweltbewusst arbeiten .
	- Der Auszubildende soll erkennen, dass das Wischergebnis besser ist, wenn die Wischerblätter in Ordnung sind.
Psychomotorisches Lernziel:	- Der Auszubildende soll das Wechseln des Wischergummis fachgerecht und für andere nachvollziehen wechseln können.

Arbeits- und Hilfsmittel

- 2x Wischer
- 2x Wischergummis
- Die "Persönliche Schutzausrüstung" ist nicht zwingend erforderlich, weil die Wischergummis schon fertig geschnitten sind.

Arbeitssicherheit

Bevor der Auszubildende in den Betrieb kommt, wird er auf die Gefahren im Betrieb und an seinem Arbeitsplatz unterwiesen. Diese Unterweisung wird von dem Ausbilder durchgeführt und jährlich abgefragt und zwischenzeitlich anhand seiner Arbeitsweise kontrolliert und korrigiert.

Folgende Punkte umfassen diese Unterweisung:
- Wie er seine persönliche Schutzausrüstung zu tragen hat.
- Welche Werkzeuge sind für die Arbeit zu verwenden und welche werden benötigt?
- Umgang mit der Chemie und deren Gefahren bzw. welche Gefahren gehen davon aus?
- Der Auszubildende erhält ein ausführliches Handout mit den Gefahrenkennzeichen.
- Werkzeuge nicht in Hosen oder Latztaschen stecken, um Arbeitsunfälle zu vermeiden.
- Kanister, Flaschen usw. sind fachgerecht und umweltfreundlich zu entsorgen.
- Der Auszubildende hat für Ordnung und Sauberkeit am Arbeitsplatz zu sorgen und diesen sauber zu verlassen.

Unterweisungsstil

Unterwiesen wird nach dem kooperativen Führungsstil, welcher ein schlichtes aber überzeugendes Auftreten des Ausbilders verlangt. Dieser Führungsstil ist auf Zusammenarbeit und gemeinschaftliches Wirken ausgerichtet, soll aber auch den Auszubildenden zum selbstständigen Denken und Arbeiten heranziehen.

Durchführen der Unterweisung

Unterweisungsmethode: 4 - Stufen - Methode
Die 4-Stufen-Methode wurde für diese Unterweisung gewählt, weil bei dieser
Methode von der Erkentniss ausgegangen wird, dass der Erfolg des Lernens am größten ist,
wenn der Auszubildende die zu lernende Fähigkeit gleich selbst ausübt. Durch diese Methode
wird in kurzer Zeit viel Inhalt vermittelt. Die Merkmale sind vorbereiten und erklären,
vormachen und erklären, nachmachen und erklären lassen, üben und vertiefen.

1. Stufe Vorbereiten und erklären (Thema)
    - das Lernziel wird bekannt gegeben, der Nutzen aufgezeigt und das Vorgehen
    wird beschrieben.
    - der Arbeitsplatz wird vorbereitet

2. Stufe Vormachen und erklären (Arbeitsablauf)
    - der Ausbilder macht den gesamten Arbeitgang vor
    - der Ausbilder erklärt, was er macht, wie er es macht und warum nicht anders

3. Stufe Nachmachen und erklären lassen durch den Auszubildenden
    - der Auszubildende führt die Arbeitsschritte erstmals aus, Erklärungen und
    Begründungen werden gegeben

4. Stufe Selbständig üben lassen
    - der Ausbilder stellt vertiefende Übungsaufgaben,
    - der Ausbilder bewertet und führt eine Lernzielkontrolle durch (im
    kognitiven, affektiven und psychomotorischen Bereich

1. Stufe: Vorbereiten und erklären   Zeit: ca. 4min.

Erklärung	Begründung	Material

Vorbereitung, Begrüßung
Ich bereite den
Unterweisungsplatz vor
 	
- Ich begrüße den
  Auszubildenden freundlich und
  frage nach seinem
  wohlbefinden
 	
- Spreche kurz die
  vorangegangene Unterweisung
  an
 	
Motivation
- Der Auszubildende soll lernen
  wie man ein Wischergummi
  wechselt. Dies ist ein weiterer
  Schritt zum selbstständigen
  arbeiten.
 	
Vorkenntnisse feststellen
- Es ist festzustellen ob der
  Auszubildende
  theoretische Kenntnisse hat
  „Berufsschule / Praktika" ggf.
  durch Kollegen bei Lehrling im
  2. oder 3. Jahr
 	
Lernziel nennen
- Um den Auszubildenden das
  Ziel der Unterweisung deutlich
  zu machen, werde ich ihm die
  Lernziele nennen.
 	
Arbeitssicherheit
- Ich weiße den
  Auszubildenden auf mögliche
  Gefahrenquellen hin.
	- Übersicht
	- Ordnung
	- Befangenheit
	  nehmen
		- Fensterabzieher
		- Wischergummi

4

2. Stufe: Vormachen und erklären   Zeit: ca. 4min.

Der Auszubildende beobachtet genau das vorgehen des Ausbilders, dieser erklärt jeden
genauen Arbeitsschritt

Erklärung	Begründung	Material
Ich prüfe zunächst, ob das Wischergummi vom Fensterabzieher noch in Ordnung ist. Danach nehme ich den Wischergriff in die rechte Hand und die Schiene in die linke Hand. In der rechten Hand wo der Wischergriff liegt, den Sicherheitskonus drücken und die Schiene zur linken Seite herausziehen. Nun kann das Wischergummi problemlos von beiden Seiten heraus gezogen werden. Wenn das neue Wischergummi in die Schiene gezogen ist, drückt man wieder den Sicherheitskonus und schiebt die Schiene wieder in den Wischergriff hinein.	- Vormachen und erklären	- Fensterabzieher - Wischergummi

3

3. Stufe: Nachmachen und erklären lassen   Zeit ca. 4min.

Erklärung	Begründung	Material
Der Auszubildende wiederholt die entsprechenden Arbeitsschritte in gleicher Reihenfolge wie ich sie ihm vorgemacht habe. Alle Schritte müssen im Zusammenhang mit den UVV-Vorschriften erbracht werden, die Sicherheitsregeln sind zu beachten. Das Arbeitsergebnis wird anschließend vom Auszubildenden selbst bewertet und von mir fremd- bewertet. Bei korrekter Wiedergabe spreche ich Lob aus, denn dies ist wichtig für die Motivation, bei Fragen gebe ich Hilfestellung, keine Komplettlösung, da der Auszubildende die Lösung selbst erarbeiten soll und lobe evtl. trotzdem auch für kleine Schritte die richtig gemacht worden sind Bei allen Arbeitsschritten halte ich mich als Ausbilder zurück und lasse den Auszubildenden selbstständig arbeiten. Ich greife nur ein, wenn der Auszubildende gar nicht zurecht kommt oder gebe durch Nachfragen Denkanstöße -> dadurch evtl. erleichtertes Nachdenken beim Auszubildenden	- Unsicherheiten beseitigen - Fehler korrigieren - Richtiges bestätigen	

4. Stufe: Selbstständig üben lassen   Zeit ca. 3min.

Erklärung	Begründung	Material
In dieser Stufe hat der Auszubildende die Gelegenheit sein erlerntes Wissen zu vertiefen, welches durch nochmaliges üben erfolgt. Weiterhin wird dem Auszubildenden die Möglichkeit gegeben seine eigene arbeit zu beurteilen und eigene Kritik zu üben. Nach der Selbsteinschätzung würde ich die Beurteilung abgeben. **Hinweis:** auf ständiges Üben -> Automatisierung von Handgriffen verinnerlichen und ins Berichtsheft einzutragen	- festigen des erlernten	- Fensterabzieher - Wischergummi

Gesamtkontrolle (Lernkontrolle)

Durch das selbstständige Wechseln des Wischergummis und die optische Kontrolle ist das Lernziel erreicht.

Fragen:

1. Was kann alles an einem Wischergummi beschädigt sein?

2. Was für 3 unterschiedliche Längen gibt es von den Wischergummis?